Paramahansa Jogananda
(1893 – 1952)

ŻYĆ

NIEUSTRASZENIE

ROZBUDZANIE

WEWNĘTRZNEJ

SIŁY DUSZY

Wybór fragmentów z pogadanek i pism
Paramahansy Joganandy

O TEJ KSIĄŻCE: *Żyć nieustraszenie: rozbudzanie wewnętrznej siły duszy* jest kompilacją wyjątków z dzieł, wykładów i nieformalnych pogadanek Paramahansy Joganandy. Te wybrane fragmenty pierwotnie ukazały się w jego książkach, artykułach w *Self-Realization* (czasopiśmie, które założył w 1925 r.), w trzech antologiach jego zebranych pogadanek i szkiców oraz w innych publikacjach Self-Realization Fellowship.

Tytuł oryginału w języku angielskim wydanego przez
Self-Realization Fellowship, Los Angeles, Kalifornia
Living Fearlessly
Bringing Out Your Inner Soul Strength

ISBN-13: 978-0-87612-469-7
ISBN-10: 0-87612-469-4

Przekład na polski: Self-Realization Fellowship
Copyright © 2014 Self-Realization Fellowship

Wszystkie prawa zastrzeżone. Z wyjątkiem krótkich cytatów wykorzystanych w recenzjach, żadna część „Żyć nieustraszenie: rozbudzanie wewnętrznej siły duszy" (*Living Fearlessly: Bringing Out Your Inner Soul Strength*) nie może być powielana, przechowywana, przesyłana lub rozpowszechniana w jakiejkolwiek formie ani za pomocą jakichkolwiek środków (elektronicznych, mechanicznych lub innych) dostępnych obecnie lub w przyszłości – włącznie z systemem kopiowania, nagrywania lub jakimkolwiek innym, który umożliwia przechowywanie i odtwarzanie informacji – bez uprzedniej pisemnej zgody Self-Realization Fellowship, 3880 San Rafael Avenue, Los Angeles, California 90065-3219, USA.

 Wydanie autoryzowane przez International Publications Council of *Self-Realization Fellowship*

Nazwa i emblemat *Self-Realization Fellowship* (widoczny powyżej) widnieją na wszystkich książkach, nagraniach oraz innych publikacjach wydanych przez SRF i upewniają czytelnika, że są to oryginalne prace organizacji założonej przez Paramahansę Joganandę i że wiernie przekazują one jego nauki.

Pierwsze wydanie w języku polskim przez *Self-Realization Fellowship*, 2014
First edition in Polish from *Self-Realization Fellowship*, 2014

To wydanie 2014
This printing 2014

ISBN-13: 978-0-87612-594-6
ISBN-10: 0-87612-594-1

1754-J3188

W swojej książce „Autobiografia jogina" Paramahansa Jogananda przytoczył następującą rozmowę ze swoim guru, swamim Śri Jukteśwarem:

– *Gurudźi, chciałbym usłyszeć jakieś opowieści z twojego dzieciństwa.*

– *Opowiem ci kilka – każda ma morał!* – *W oczach Śri Jukteśwara pojawił się ostrzegawczy błysk.* – *Moja matka próbowała mnie kiedyś przestraszyć przerażającą opowieścią o duchu w ciemnej izbie. Wszedłem tam natychmiast i nie znalazłszy go, wyraziłem swoje rozczarowanie. Matka już nigdy więcej nie opowiedziała mi żadnej przerażającej historii. Morał: Spójrz lękowi w twarz, a przestanie cię nachodzić.*

SPIS TREŚCI

Uczyń swe życie boską przygodą 1

Myśli dla nieustraszonej duszy 9

Praktyczne antidota na strach i zmartwienie 12

Usuwanie z umysłu zakłóceń powodowanych strachem 16

Nieustraszoność umysłu a zdrowe ciało 23

Niech przezwyciężę strach 25

Usuwanie świadomości niepokoju 26

Lew, który stał się owcą 34

Niezwyciężony lew Jaźni 38

Droga do stałej nieustraszoności: doświadczanie nieśmiertelności dzięki medytacji 39

Jak uzyskać wewnętrzną pewność, że Bóg jest z tobą 47

Nieustraszoność oznacza wiarę w Boga 53

Epilog: "Trwaj niewzruszenie pośród huku roztrzaskujących się światów" 60

Żyć
NIEUSTRASZENIE

UCZYŃ SWE ŻYCIE BOSKĄ PRZYGODĄ[1]

Życie jest najwspanialszą przygodą, jaką można sobie wyobrazić. Chociaż dla niektórych bywa ono niezbyt ciekawe i ekscytujące, dla innych pełne jest niezwykłych przeżyć [...]. Jednak zgłębianie natury Ducha to największa przygoda w tym wszechświecie [...].

Zaprzyjaźnij się z sobą poprzez utwierdzanie się w swojej Boskiej naturze

Przygoda z dzikimi zwierzętami w Afryce Południowej to nic w porównaniu z przygodą samego życia. Historia nie zna równie ciekawej opowieści. Człowiek, dzięki swej inteligencji, wie jak obronić się przed zwierzętami, ale nie wie jak obronić się przed własnymi złymi nawykami i przyzwyczajeniami. Największym nieprzyjacielem człowieka jest on sam. Bardziej niż wrogów

---

1 Fragmenty *Man's Greatest Adventure*, pogadanki wygłoszonej w Międzynarodowej Siedzibie Głównej Self-Realization Fellowship w Los Angeles. Cała pogadanka znajduje się w *Man's Eternal Quest* (Paramahansa Jogananda, *Collected Talks and Essays*, tom I).

osobistych czy wrogów swojego narodu, bardziej niż zarazków, bomb czy jakichkolwiek innych zagrożeń, człowiek powinien bać się siebie, gdy trwa w błędzie. Pozostawanie w niewiedzy co do swej boskiej natury i poddawanie się władzy złych nawyków to uczynienie sobie wroga z samego siebie. Najlepszym sposobem osiągnięcia powodzenia w przygodzie życia jest być przyjacielem samego siebie. Kryszna powiedział: „Sam jesteś przyjacielem (przemienionego) siebie, ale wrogiem nieodrodzonego siebie"[2].

Subtelni wrogowie

Łatwo jest wyobrazić sobie, że wyruszamy w podróż, aby badać jakąś dziką i nieznaną krainę. Jeśli płyniemy statkiem, chcemy mieć w pobliżu łódź ratunkową. Wiemy, że gdyby statek tonął, możemy wsiąść do łodzi i się uratować. Ale w przypadku bardzo wielu doświadczeń życiowych nasza łódź ratunkowa najwyraźniej przecieka, bez względu na to, jakich zabezpieczeń dokonaliśmy.

W dżungli pełnej dzikich zwierząt można się przed nimi względnie rozsądnie zabezpieczyć, ale o wiele

---

2 Na podstawie Bhagawadgity VI:6.

Uczyń swe życie boską przygodą

trudniej jest pokonać niewidzialne niebezpieczeństwa. Jak chronić się przed atakiem zarazków? Miliony ich stale unoszą się wokół nas. [...] Natura tworzy wokół nich ochronną ścianę komórek, ale ściana ta chroni skutecznie tylko dopóty, dopóki ciało jest w stanie zachować odporność. Ta walka o życie toczy się nieustannie w niewidzialnej dżungli żywego organizmu! [...]

Aby iść bezpiecznie przez dżunglę życia, trzeba wyposażyć się w odpowiednią broń. [...] Człowiek mądry, który uzbroił się do walki w każdego rodzaju wojnie – do walki z chorobą, losem i karmą, wszystkimi złymi myślami i nawykami – zostaje zwycięzcą w tej przygodzie. Wymaga to ostrożności i dodatkowo zastosowania pewnych metod, z pomocą których zdołamy pokonać naszych nieprzyjaciół [...].

Bóg dał nam do ochrony wspaniałe narzędzie – potężniejsze od karabinów maszynowych, elektryczności, gazów trujących i każdego leku: umysł. To umysł trzeba wzmocnić. [...] W przygodzie życia ważne jest, aby panować nad umysłem i utrzymywać go pod swoją władzą w stałej harmonii z Panem. Na tym polega sekret szczęśliwego, udanego życia. [...] Staje się ono takie dzięki ćwiczeniu mocy umysłu i zestrojeniu umysłu z Bogiem w medytacji. [...] Najlepszym sposobem pokonania choroby, rozczarowań i nieszczęść jest pozostawanie w stałej harmonii z Bogiem.

Pomoc Najwyższego przychodzi, gdy zestroimy się z Duchem

Wszyscy jesteśmy w życiu jak małe dzieci, zmuszeni uczyć się na własnych doświadczeniach i trudnościach, chwytani w pułapki chorób i złych nawyków. Raz po raz musimy wołać o pomoc. Ale pomoc Najwyższego przychodzi, gdy zestroimy się z Duchem.

Ilekroć masz kłopoty, módl się: „Panie, jesteś we mnie i wszędzie wokół mnie. Jestem w twierdzy Twej obecności. Zmagam się z życiem, otoczony wieloma śmiertelnymi wrogami. Rozumiem teraz, że nie są oni rzeczywistymi sprawcami mej zguby. Umieściłeś mnie na ziemi, by wypróbować moją moc. Przechodzę przez te próby tylko po to, aby się sprawdzić. Jestem gotów walczyć z otaczającym mnie złem; pokonam je wszechpotęgą Twojej obecności. A kiedy już zakończę przygodę tego życia, powiem: Panie, trudno było być dzielnym i walczyć; lecz im bardziej byłem przerażony, tym bardziej rosła moja wewnętrzna siła, dana mi przez Ciebie, dzięki której zwyciężałem i poznałem, że jestem

Uczyń swe życie boską przygodą

stworzony na Twój obraz. Jesteś Królem wszechświata, a ja jestem Twoim dzieckiem, księciem wszechświata. Czego mam się bać?".

Gdy tylko uświadamiasz sobie, że urodziłeś się człowiekiem, wszystko może budzić w tobie strach. Wydaje się, że nie ma ucieczki. Bez względu na to, jakie zastosujesz środki ostrożności, zawsze coś przeoczysz. Jedyną twoją ochroną jest Bóg. Czy znajdujesz się w afrykańskiej dżungli, na wojnie, czy dręczy cię choroba i ubóstwo, po prostu mów do Pana i wierz: „Jadąc przez pole bitewne życia, jestem w samochodzie pancernym Twojej obecności. Mam ochronę".

Nie ma innego sposobu, aby być bezpiecznym. Posłuchaj głosu rozsądku i zaufaj całkowicie Bogu. Nie jest to przesadna rada; namawiam cię, abyś bez względu na to co się dzieje, afirmował i wierzył w tę prawdę: „Panie, tylko Ty jeden możesz mi pomóc". Bardzo wielu wpadło w sidła chorób i złych nawyków i nie wydostało się z nich. Nigdy nie mów, że nie możesz się wydostać. Twoje nieszczęście jest tylko chwilowe. Jeden nieudany żywot nie jest miarą porażki. Postawa zwycięzcy jest nieustraszona: „Jestem dzieckiem Boga. Nie mam się czego bać". Zatem niczego się nie bój. Życie i śmierć to tylko różne procesy twojej świadomości.

Rozbudź skrytą w sobie nieśmiertelność duszy

Wszystko, co Pan stworzył, jest po to, aby nas wypróbować, aby rozbudzić skrytą w nas nieśmiertelność duszy. To jest przygodą życia, jedynym celem życia. A przygoda każdego z nas jest inna, niepowtarzalna. Powinieneś być przygotowany do radzenia sobie z wszystkimi problemami zdrowia, umysłu i duszy, posługując się rozsądnymi metodami i wierząc w Boga, wiedząc, że w życiu czy śmierci twoja dusza pozostaje niepokonana. Nigdy nie umrzesz. „Nie przecinają go [3] miecze ani go ogień nie pali, ani go woda nie moczy, ani go wiatry nie suszą [...]. Odwieczny i wszechobecny, stały, bez ruchu, pradawny!"[4]. Jesteś obrazem Ducha na wieczność.

Czyż wiedza, że śmierć nie może nas zabić, nie wyzwala umysłu? Kiedy przychodzi choroba i przestaje funkcjonować ciało, dusza myśli: „Umarłam!". Lecz Pan potrząsa duszą i rzecze: „Co z tobą? Nie umarłaś. Przecież nadal myślisz". Przechodzi żołnierz i bomba rozrywa jego ciało. Jego dusza krzyczy: „Och, zabili mnie, Panie!", a Bóg odpowiada: "Na pewno nie! Czyż nie

---

[3] czyli mieszkańca ciała – duszy. Przyp. red.
[4] Bhagavadgita II:23-24. Przełożyła Anna Rucińska Warszawa 2002.

rozmawiasz ze Mną? Nic nie może cię zniszczyć, Moje dziecko. Śnisz". Wtedy dusza uświadamia sobie: „To nie takie straszne. To tylko moja tymczasowa ziemska świadomość, że jestem ciałem fizycznym, sprawiła, że jego utrata wydaje się moim końcem. Zapomniałam, że jestem wieczną duszą".

Cel naszej przygody życia

Prawdziwi jogini potrafią panować nad umysłem we wszystkich okolicznościach. Gdy osiągnie się taką doskonałość, jest się wolnym. Wtedy wiesz, że życie jest boską przygodą. Udowodnili to Jezus i inne wielkie dusze [...].

Zakończysz tę przygodę życia dopiero wtedy, gdy pokonasz jego niebezpieczeństwa mocą woli i mocą umysłu, tak jak uczynili to Wielcy Mistrzowie. Wtedy spojrzysz wstecz i powiesz: „Panie, to było dość nieprzyjemne doświadczenie. Omalże nie powiodło mi się, ale teraz jestem na zawsze bezpieczny w Twojej obecności".

Będziemy mogli spojrzeć na życie jak na cudowną przygodę, kiedy Pan wreszcie powie: „Skończyły się wszystkie straszne doświadczenia. Jestem z tobą na zawsze. Nic nie może cię zranić".

Żyć nieustraszenie

Człowiek bawi się w życie jak dziecko, ale jego umysł staje się silniejszy dzięki walce z chorobami i trudnościami. Wszystko, co osłabia umysł, jest twoim największym wrogiem, a to, co go umacnia jest twoim schronieniem. Śmiej się z każdej nadchodzącej trudności [...]. Wiedz, że jesteś wieczny w Panu.

MYŚLI DLA NIEUSTRASZONEJ DUSZY

Witaj każdego człowieka i każdą sytuację na polu bitewnym życia z odwagą bohatera i uśmiechem zwycięzcy.

———•———

Jesteś dzieckiem Boga. Czego miałbyś się bać?

———•———

Musimy mieć wiarę we własne zdolności i nadzieję na zwycięstwo w słusznej sprawie. Jeśli nie posiadamy tych cech, musimy je wykształcić w umyśle z pomocą koncentracji. Można tego dokonać poprzez zdecydowaną i długotrwałą praktykę.

———•———

Na szczęście, możemy zacząć praktykować o każdej porze i w każdym miejscu, koncentrując się na rozwijaniu zalet, których nam brakuje. Jeśli brakuje nam siły woli, koncentrujmy się na jej wzmacnianiu, a wtedy świadomym wysiłkiem zdołamy wykształcić w sobie silną wolę. Jeśli chcemy uwolnić się od strachu, powinniśmy medytować o odwadze, a w swoim czasie oswobodzimy się z niewoli strachu.

Dzięki koncentracji i medytacji stajemy się silni.

———•————

Zawsze jest wyjście z trudności; i jeśli dasz sobie czas, aby jasno pomyśleć, aby zastanawić się, jak pozbyć się przyczyny swego niepokoju, zamiast tylko się martwić, to stajesz się panem sytuacji.

———•————

Stale afirmuj: „Nic nie może mnie zranić. Nic nie zdoła mnie wzburzyć". Uświadom sobie, że jesteś równy najlepszemu człowiekowi, równy najsilniejszemu. Musisz mieć więcej wiary w siebie.

———•————

Ten, kto ma wiarę w boskość własnej duszy, swą prawdziwą naturę, oraz miłość do Boga i wiarę w Jego wszechmoc, szybko wyzwala się z cierpienia. [...] Światło wiary uwalnia jego świadomość z ciemnej sfery ludzkich ograniczeń i wprowadza do królestwa nieśmiertelności.

Myśli dla nieustraszonej duszy

Wiara oznacza wiedzę i przekonanie, że jesteśmy stworzeni na podobieństwo Boga. Kiedy dostroimy się do Jego świadomości w sobie, możemy stwarzać światy. Pamiętaj, w twojej woli mieszka wszechpotężna moc Boża.

PRAKTYCZNE ANTIDOTA NA STRACH I ZMARTWIENIE

Przychodzi do mnie wiele osób by porozmawiać o swoich kłopotach. Proszę ich, by usiedli spokojnie, pomedytowali i pomodlili się, a gdy poczują wewnętrzny spokój, żeby pomyśleli o różnych sposobach rozwiązania czy zlikwidowania swoich problemów. Kiedy ich umysł jest spokojny w Bogu, kiedy mają silną wiarę w Boga, znajdują rozwiązanie. Samo ignorowanie problemów ani też martwienie się nimi nie rozwiąże ich.

Medytuj, aż staniesz się spokojny. Wtedy skup uwagę na problemie i módl się głęboko do Boga o pomoc. Skoncentruj się na problemie, a znajdziesz rozwiązanie bez ogromnego stresu, jakim jest zamartwianie się [...].

Pamiętaj, rzeczą ważniejszą niż milion umysłowych rozważań jest to, by usiąść i medytować o Bogu, aż poczujesz w sobie spokój. Wtedy powiedz do Pana: „Nie potrafię sam rozwiązać tego problemu, nawet gdybym myślał na tysiące różnych sposobów; ale mogę go rozwiązać, powierzając go w Twoje ręce, prosząc Cię

Praktyczne antidota na strach i zmartwienie

najpierw, abyś mną pokierował, a wtedy rozważę różne dobre i złe strony ewentualnego rozwiązania".

Bóg naprawdę pomaga tym, którzy pomagają sobie. Kiedy po modlitwie do Boga w medytacji umysł jest spokojny i pełen wiary, zdołasz dostrzec rozmaite rozwiązania swoich problemów; a ponieważ umysł jest spokojny, będziesz w stanie wybrać to najlepsze. Zastosuj je, a powiedzie ci się. Na tym polega stosowanie naukowego aspektu religii w codziennym życiu.

Strach wytwarza szkodliwe pole magnetyczne, które przyciąga to, czego się boimy, tak jak magnes przyciąga kawałek żelaza, i w ten sposób powiększa nasze nieszczęścia. Strach nasila się i stokrotnie pogłębia cierpienie fizyczne i udrękę umysłu, niszczy też serce, układ nerwowy i mózg. Paraliżuje inicjatywę, odwagę, osąd, zdrowy rozsądek, siłę woli i świadomość sygnałów ostrzegających przed niebezpieczeństwem. Strach zanieczyszcza silną wyobraźnię i uczucia, i poprzez nie może tak silnie wpływać na umysł podświadomy, że całkowicie niweczy gorliwe wysiłki umysłu świadomego. Strach zarzuca zasłonę na intuicję, przesłaniając wszechmocną potęgę naturalnej pewności siebie, która płynie intuicyjnie od wszechzwycięskiej duszy [...].

Gdy grozi ci niebezpieczeństwo zranienia, nie dław swego twórczego mechanizmu świadomości strachem pochodzącym z umysłu. Użyj raczej strachu jako bodźca do tego, aby pokierować wewnętrznym mechanizmem świadomości, tak aby wytworzył on jakiś umysłowy fortel, który natychmiast usunie przyczynę strachu. Sztuczki, jakimi posługuje się umysł, aby uciec od strachu, są tak liczne, że mechanizm świadomości, który wszystko realizuje, musi je tworzyć zgodnie ze specyficznymi i wyjątkowymi potrzebami każdego człowieka. Tak więc, gdy zagraża ci niebezpieczeństwo albo jakiekolwiek bolesne doświadczenie, nie siedź bezczynnie. Zrób coś spokojnie, zrób coś szybko, *ale zrób coś*, mobilizując całą siłę woli i osądu. Siła woli jest parą lub motorem, który uruchamia mechanizm działania.

Wykorzeń swój strach poprzez koncentrację na odwadze

Strach przed porażką albo chorobą podsycany jest przez nasz świadomy umysł ciągłymi myślami o nich, dotąd aż myśli te zakorzenią się w podświadomości

Praktyczne antidota na strach i zmartwienie

i ostatecznie w nadświadomości. Wtedy to zakorzeniony tam strach zaczyna kiełkować i wypełniać świadomy umysł roślinami strachu, których nie da się tak łatwo zniszczyć, jak byłoby to możliwe z pierwszą myślą; w końcu rośliny te wydają trujące, siejące śmierć owoce.

Jeśli nie potrafisz świadomą wolą usunąć uporczywego strachu przed chorobą czy porażką, staraj się stale zajmować umysł czym innym, czytając ciekawe książki, które pochłaniają uwagę; a nawet pozwól sobie na niewinne rozrywki. Wtedy umysł zapomni o dręczeniu się strachem. Następnie nakaż umysłowi. aby szpadlem swoich rozmaitych sztuczek wykopał z gleby twego codziennego życia pierwotne przyczyny porażek i złego stanu zdrowia.

Wykorzeń je z siebie, mocno koncentrując się na odwadze i kierując świadomość ku absolutnemu Bożemu spokojowi w sobie. Kiedy uda ci się wykorzenić z psychiki negatywną cechę strachu, skieruj uwagę na pozytywne metody zdobywania dobrobytu i zdrowia i tym się zajmij.

USUWANIE Z UMYSŁU ZAKŁÓCEŃ POWODOWANYCH STRACHEM[1]

Często, kiedy usiłujesz nastawić radio na określoną stację, pojawiają się zakłócenia, utrudniające odbiór programu, którego chcesz posłuchać. Podobnie, gdy starasz się dokonać jakiejś osobistej przemiany w sercu, twoje postępy w tym mogą zostać przerwane przez „zakłócenia". Zakłócenia te to twoje złe nawyki.

Inną formą zakłóceń, które źle wpływają na radio twojego umysłu, jest strach. Podobnie jak dobre i złe nawyki, strach może być zarówno konstruktywny, jak i destrukcyjny. Na przykład, gdy żona mówi: „Mój mąż będzie niezadowolony, jeśli wyjdę dziś wieczorem. Dlatego nie wyjdę", kieruje nią strach wypływający z miłości, co jest konstruktywne. Strach wypływający z miłości różni się od strachu służalczego. Mówię o strachu z miłości, który każe nam uważać, by kogoś niepotrzebnie nie zranić. Służalczy strach paraliżuje wolę. Członkowie

---

[1] Fragmenty pogadanki „Eliminating the Static of Fear From the Mind Radio" (Usuwanie zakłóceń strachu z radia umysłu) wygłoszonej w Świątyni Self-Realization Fellowship w Encinitas w Kalifornii. Cała pogadanka znajduje się w *Man's Eternal Quest* (Paramahansa Jogananda, *Collected Talks and Essays*, tom I).

Usuwanie z umysłu zakłóceń powodowanych strachem

rodziny powinni żywić tylko strach wypływający z miłości i nigdy nie powinni się bać mówienia sobie nawzajem prawdy. O wiele lepiej jest wykonywać obowiązki lub poświęcać własne pragnienia z miłości do drugiej osoby, niż robić to ze strachu. A kiedy powstrzymujemy się od łamania boskich praw, powinno to wypływać z miłości do Boga, a nie ze strachu przed karą.

Strach nie ma wstępu do spokojnego serca

Strach pochodzi z serca. Jeśli kiedykolwiek opanuje cię strach przed chorobą albo wypadkiem, powinieneś zrobić kilka głębokich wdechów i wydechów, powoli i rytmicznie, rozluźniając się przy każdym wydechu. Pomaga to unormować krążenie krwi. Kiedy serce jest naprawdę spokojne, odczuwanie strachu jest w ogóle niemożliwe.

Lęki budzą się w sercu z powodu świadomości bólu; stąd wniosek, że strach wywoływany jest wcześniejszymi doświadczeniami – być może, kiedyś upadłeś i złamałeś nogę, i dlatego nauczyłeś się obawiać powtórki tamtego przeżycia. Trwanie w takim lęku paraliżuje wolę, a także układ nerwowy, i możesz rzeczywiście upaść i złamać nogę. Co więcej, kiedy strach paraliżuje serce, obniża się siła witalna i zarazki mają okazję zaatakować ciało.

Bądź ostrożny, ale nie bojaźliwy

Nie ma prawie ludzi, którzy nie boją się choroby. Strach został dany człowiekowi jako mechanizm ostrzegawczy po to, aby zaoszczędzić mu bólu. Nie należy go jednak pielęgnować ani nadużywać. Tkwienie w strachu tylko paraliżuje nasze usiłowania zapobiegania trudnościom.

Mądrze jest żywić strach, jeśli wynika on z przezorności, jak wtedy, gdy znając zasady zdrowej diety, uzasadniasz: „Nie zjem tego ciastka, bo nie jest to dla mnie dobre". Ale irracjonalne obawy są przyczyną chorób. Są one prawdziwym zalążkiem wszystkich schorzeń. Strach przed chorobą wywołuje chorobę. Przez samo myślenie o chorobie sprowadzasz ją na siebie. Jeśli ciągle boisz się przeziębienia, będziesz na nie bardziej podatny, bez względu na to, co zrobisz, aby mu zapobiec.

Nie paraliżuj swojej woli ani nerwów strachem. Kiedy obawy utrzymują się wbrew twojej woli, przyczyniasz się do stworzenia tego właśnie doświadczenia, którego się boisz.

Także, niemądrze jest przebywać dłużej, niż to konieczne i niż wymaga tego grzeczność, z ludźmi, którzy stale rozmawiają o dolegliwościach i chorobach,

Usuwanie z umysłu zakłóceń powodowanych strachem

własnych i innych osób. Takie rozwodzenie się na ten temat może zasiać ziarna lęku w twoim umyśle. Ci, którzy się martwią, że zachorują na gruźlicę, na raka lub na serce, powinni pozbyć się tego strachu, żeby nie sprowadzić na siebie niepożądanej choroby.

Osoby już chore i słabe potrzebują jak najprzyjemniejszego otoczenia, na ile tylko to możliwe, i powinny przebywać wśród ludzi o silnej i pozytywnej naturze, którzy będą je wspierać w pozytywnym myśleniu i uczuciach. Myśl ma wielką moc. Pracownicy szpitali rzadko chorują, bo mają pozytywne nastawienie. Ich energia i silne myśli dodają im witalności.

Z tego powodu, gdy się starzejesz, najlepiej nie zdradzaj innym swojego wieku. Gdy tylko to zrobisz, widzą w tobie ten wiek i kojarzą go z pogarszającym się zdrowiem i spadkiem witalności. Myśl o starzeniu się budzi lęk i w ten sposób zmniejsza siłę życiową. Zatrzymaj więc tę informację dla siebie. Powiedz Bogu: „Jestem nieśmiertelny. Obdarzyłeś mnie błogosławieństwem dobrego zdrowia i za to Ci dziękuję".

Bądź zatem ostrożny, ale nie bój się. Podejmuj środki ostrożności, takie jak stosowanie co jakiś czas diety oczyszczającej, aby usunąć z ciała wszelkie stany chorobowe, które mogą się w nim znajdować. Rób, co w twojej mocy, aby usunąć przyczyny choroby, a zarazem absolutnie się nie bój. Wszędzie jest tak wiele zarazków, że jeśli będziesz się ich bał, w ogóle nie zdołasz cieszyć się życiem. Nawet przy zastosowaniu wszystkich środków czystości i higieny, gdybyś obejrzał swój dom pod mikroskopem, straciłbyś ochotę do jedzenia!

Techniki eliminowania strachu

Obojętnie, czego się boisz, odwróć od tego uwagę, i zostaw to Bogu. Miej wiarę w Niego. Wiele cierpienia wynika po prostu z martwienia się. Po co cierpieć teraz, kiedy choroba jeszcze nie nadeszła? Jako że większość naszych problemów ma źródło w strachu, to jeśli przestaniesz się bać, od razu się od nich uwolnisz. Uzdrowienie będzie natychmiastowe.

Codziennie wieczorem, przed snem, afirmuj: „Ojciec Niebieski jest ze mną. Ochrania mnie". W myślach otaczaj się Duchem i Jego kosmiczną energią i mów: „Każdy atakujący mnie zarazek ginie jak porażony prądem". Intonuj *Aum* trzy razy[2] albo słowo „Bóg". To cię osłoni. Poczujesz

---

[2] Według indyjskich pism świętych *Aum (Om)* jest podstawą wszystkich dźwięków i powszechnym symbolem-słowem oznaczającym Boga. Wedyjskie *Aum* stało się świętym słowem *Hum* u Tybetańczyków; *Amin* u muzułmanów i *Amen* u Egipcjan, Greków, Rzymian, żydów i chrześcijan. *Amen* po hebrajsku znaczy *pewny, wierny*. *Aum* jest wszechprzenikającym dźwiękiem emanującym z Ducha Świętego (Niewidzialną Kosmiczną Wibracją; Bogiem w Jego aspekcie Stwórcy);

Usuwanie z umysłu zakłóceń powodowanych strachem

Jego cudowną ochronę. Bądź nieustraszony. To jedyny sposób, aby być zdrowym. Obcowanie z Bogiem sprawi, że popłynie do ciebie Jego prawda. Poznasz, że jesteś niezniszczalną duszą.

Kiedykolwiek poczujesz strach, połóż rękę na sercu, dotykając skóry. Pocieraj ją z lewa na prawo i mów: „Ojcze, jestem wolny. Wyłącz ten strach w radiu mego serca". Podobnie jak w zwykłym radiu możesz pozbyć się zakłóceń, tak również możesz pozbyć się strachu z serca przez równomierne pocieranie okolicy serca z lewa na prawo i koncentrowanie się cały czas na myśli o tym, co chcesz osiągnąć. Strach zniknie i odczujesz radość Bożą.

Strach ustaje wraz z ustanowieniem kontaktu z Bogiem

Strach nieustannie cię prześladuje. Ustanie strachu następuje wraz z ustanowieniem kontaktu z Bogiem, nie inaczej. Po co czekać? Dzięki jodze możesz z Nim obcować [...].

---

biblijnym „Słowem"; głosem stworzenia zaświadczającym o Boskiej Obecności w każdym atomie. W *Lekcjach Self-Realization Fellowship* Paramahansa Jogananda naucza techniki medytacji, której praktyka przynosi bezpośrednie doświadczenie Boga jako *Aum*, czyli Ducha Świętego. Ta zalewająca szczęściem komunia z niewidzialną Boską mocą („Pocieszycielem, którym jest Duch Święty" – Jan 14:26) jest prawdziwie naukową podstawą modlitwy.

Żyć nieustraszenie

Z początku, kiedy wstąpiłem na ścieżkę duchową, moje życie było chaotyczne. Ale jako że szedłem nią wytrwale, wszystko zaczęło mi się układać w cudowny sposób. Wszystkie wydarzenia pokazały mi, że Bóg *jest* i że można Go poznać w tym życiu. Kiedy odnajdziesz Boga, jakąż wtedy zyskasz pewność i nieustraszoność! Wówczas wszystko inne zupełnie się nie liczy, nic nie zdoła wzbudzić w tobie strachu. Tak Kryszna wzywał Ardźunę, aby stanął bez lęku do bitwy życia i odniósł duchowe zwycięstwo: „Nie bądź niemęski [...]! Wszak nie przystoi to tobie! Zrzuć z serca niemoc nikczemną i powstań, Ciemiężco Wrogów!"[3].

---

3 Bhagawadgita II:3. Przełożyła Anna Rucińska Warszawa 2002.

NIEUSTRASZONOŚĆ UMYSŁU A ZDROWE CIAŁO
Tradycyjna bajka opowiedziana na nowo

Podczas późnej wieczornej medytacji pewien święty ujrzał, jak do miejscowości, w której mieszkał, wchodzi duch straszliwej czarnej ospy.

– Stój, panie Duchu! – wykrzyknął. – Odejdź. Nie wolno ci dręczyć miasta, w którym czczę Boga.

– Zabiorę tylko trzy osoby – odparł duch – zgodnie ze swym karmicznym obowiązkiem.

Na te słowa święty skinął ze smutkiem głową na znak zgody. Następnego dnia trzy osoby zmarły na ospę. Ale kolejnego dnia zmarło jeszcze kilka, a potem codziennie mieszkańcy nadal ginęli od tej strasznej choroby. Uważając, że dopuszczono się wobec niego wielkiego oszustwa, święty pomedytował głęboko i wezwał ducha. Gdy ten się pojawił, święty zganił go:

– Panie Duchu, oszukałeś mnie, nie mówiłeś prawdy, kiedy mi powiedziałeś, że zabierzesz tylko trzy osoby chore na ospę.

– Na Wielkiego Ducha, zaiste mówiłem prawdę – odparł duch.

– Przyrzekłeś, że zabierzesz tylko trzy osoby, a dziesiątki zmarły na skutek choroby – upierał się święty.

– Zabrałem tylko trzy – odpowiedział duch. – Reszta sama się zabiła ze strachu.

Musisz oczyścić umysł ze świadomości choroby – z myśli o chorobie. Jesteś niezniszczalnym Duchem; tymczasem jednak ciało rządzi umysłem. Umysł musi rządzić ciałem [...].

Czego się boisz? Jesteś istotą nieśmiertelną. Nie jesteś ani mężczyzną, ani kobietą, jak zapewne sądzisz, lecz duszą, radosną, wieczną.

NIECH PRZEZWYCIĘŻĘ STRACH
(Modlitwa)

Naucz mnie pokonywać strach dzięki zrozumieniu, że jest bezużyteczny. Jako Twoje dziecko niech nie znieczulam obawami mej nieograniczonej zdolności niezbędnej do tego, aby przejść z powodzeniem każdą próbę życia.

Uwolnij mnie od paraliżujących lęków. Obym nie wyobrażał sobie wypadków i katastrof, abym mocą myśli nie sprowadził ich na siebie.

Natchnij mnie do pokładania ufności w Tobie, nie zaś jedynie w środkach ostrożności stosowanych przez człowieka. Przejdę bezpiecznie pośród gradu kul lub straszliwych bakterii, jeśli uświadomię sobie, że Ty zawsze jesteś ze mną.

Obym nigdy nie drżał na myśl o śmierci. Pomóż mi pamiętać, że Żniwiarz raz tylko zjawi się po to ciało; i że kiedy mój czas nadejdzie, dzięki jego miłosierdziu nie będę o tym wiedział ani o to dbał.

O Nieskończony Duchu! Ucz mnie, że na jawie czy we śnie, obojętnie, czy czuwam czy marzę, żyję czy umieram, zawsze i wszędzie chroni mnie Twoja obecność.

– z Szeptów z Wieczności

USUWANIE ŚWIADOMOŚCI NIEPOKOJU[1]

Niepokój jest psychofizycznym stanem świadomości, w którym jest się pogrążonym w uczuciach bezradności i lęku z powodu kłopotu, z którego nie potrafimy wybrnąć. Być może, poważnie martwisz się o swoje dziecko, zdrowie albo opłaty hipoteczne. Nie znajdując szybkiego rozwiązania, zaczynasz się martwić swoim położeniem. I co z tego masz? Ból głowy, zdenerwowanie, zaburzenia sercowe. Ponieważ nie analizujesz jasno siebie ani swoich problemów, to nie potrafisz zapanować nad uczuciami ani sytuacją, w jakiej się znalazłeś. Zamiast tracić czas na martwienie się, myśl pozytywnie jak usunąć przyczynę problemu. Jeśli chcesz wybrnąć z kłopotu, chłodno zanalizuj problem, rozważając punkt po punkcie wszystkie argumenty za i przeciw ewentualnym rozwiązaniom. Następnie zdecyduj, jakie najlepiej podjąć kroki, aby zrealizować cel.

---

[1] Fragmenty pogadanki wygłoszonej w Świątyni Self-Realization Fellowship w Encinitas w Kalifornii. Cała pogadanka znajduje się w *Man's Eternal Quest* (Paramahansa Jogananda, *Collected Talks and Essays*, Tom I).

Usuwanie świadomości niepokoju

Stawiaj czoło kłopotom finansowym nieustraszenie i kreatywnie

Kiedy nie masz pieniędzy, czujesz się opuszczony; wydaje ci się, że cały świat jest przeciwko tobie. Ale martwienie się nie przyniesie rozwiązania. Zacznij działać i podejmij takie postanowienie: „Wstrząsnę posadami świata, aby dostać, co mi się należy. Żeby mnie uciszyć, świat będzie musiał zaspokoić moją potrzebę". Każdy człowiek, który wykonał jakąś pracę, choćby taką jak wyrwanie chwastów, zrobił na ziemi coś pożytecznego. Dlaczego każdy nie miałby mieć sprawiedliwego udziału w szczodrych darach ziemi? Nikt nie musi głodować ani być pomijany.

Pieniądz jako miara wszystkiego przeminie; pamiętaj, co mówię. Pieniądze stwarzają żądzę władzy, a ta zbyt często czyni ich posiadacza nieczułym na cierpienia innych. Gromadzenie bogactwa jest właściwe, jeśli ma się pragnienie pomagania innym w potrzebie. Pieniądze są darem w rękach ludzi niesamolubnych, lecz przekleństwem w rękach egoistów. Znałem kiedyś w Filadelfii człowieka, którego majątek wyceniano na dziesięć milionów dolarów, lecz pieniądze nigdy nie dały mu szczęścia. Przyniosły mu jedynie niedolę. Nie chciał on nawet postawić komuś filiżanki kawy za dziesięć centów. Złoto zostało nam dane po to, by go używać, lecz nie należy ono do nikogo poza Duchem Świętym. Każde dziecko Boże ma prawo korzystać z Bożego złota. Nie wolno uznawać swojej porażki i zrzekać się swego prawa.

Bóg uczynił cię Swoim dzieckiem. Ty zrobiłeś z siebie żebraka. Jeśli przekonałeś siebie, że jesteś bezradnym śmiertelnikiem, i pozwalasz wszystkim innym, aby cię upewniali w tym, że nie potrafisz dostać pracy, to we własnym umyśle zawyrokowałeś, że jesteś do niczego i już po tobie. Ani wyrok Boży, ani przeznaczenie, lecz twój własny sąd o sobie, utrzymuje cię w biedzie lub przysparza zmartwień. O sukcesie bądź porażce decyduje twoje nastawienie umysłu.

Jeśli, nawet wbrew negatywnym opiniom reszty społeczeństwa, swą własną, zawsze zwycięską, daną Ci przez Boga wolą obudzisz w sobie przekonanie, iż w trudnej sytuacji z pewnością nie pozostaniesz sam ze swoim cierpieniem, to poczujesz, jak spływa na ciebie tajemna boska moc; i przekonasz się, że magnetyczna siła tego przekonania otwiera przed tobą nowe drogi.

Nie rozpaczaj nad swoją obecną sytuacją i nie martw się. Jeśli odrzucisz zmartwienia i jeśli poczynisz właściwe działania, to zachowasz spokój i z pewnością znajdziesz sposób osiągnięcia swego celu.

Usuwanie świadomości niepokoju

Pamiętaj, że za każdym razem, kiedy się martwisz, wciskasz mentalny hamulec; i walcząc z oporem, jaki on stawia, nadwyrężasz serce i umysł. Nie jechałbyś samochodem przy zaciągniętym hamulcu, bo wiesz, że to poważnie uszkodziłoby jego mechanizm. Martwienie się jest hamulcem na kołach twojego działania; sprawia, że tkwisz w martwym punkcie. Nie ma nic niemożliwego, dopóki nie myślisz, że tak jest. Martwienie się upewnia cię, że zrobienie tego, co chcesz, jest niemożliwe.

Martwienie się jest stratą czasu i energii. Zamiast tego pomyśl, jakie możesz podjąć pozytywne działania. Już lepiej być obrotnym materialistą i czegoś dokonać, niż się lenić. Leniwego człowieka opuszczają i ludzie, i Bóg. Wielu przedsiębiorczych ludzi zrobiło fortuny, nie czyń jednak pieniędzy swoim kryterium sukcesu. Często to nie pieniądze przynoszą satysfakcję, lecz wykorzystywanie zdolności twórczych w ich zarabianiu.

Czyste sumienie: klucz do nieustraszonego życia

Niemądrze jest uciekać od zmartwień, bo gdziekolwiek pójdziesz, zmartwienia pójdą z tobą. Musisz się nauczyć stawiać czoło problemom nieustraszenie i z czystym sumieniem, tak jak ja to robię. Teraz nie modlę się już o duszę ani swoje ciało, ponieważ uzyskałem od Boga wieczną pewność. To wystarcza. Modlić się oznaczałoby dla mnie wątpić. Mam czyste sumienie, bo nikogo nie skrzywdziłem. Wiem, że to prawda. Móc sobie powiedzieć: „Nikogo nie skrzywdziłem", to największe szczęście na świecie. [...]

Bądź przyjacielem wszystkich. Nawet jeśli ktoś zawiedzie twoją miłość i zaufanie, nie martw się. Zawsze bądź sobą; jesteś, kim jesteś. To jedyny sposób, by żyć w zgodzie z sobą. Chociaż nie wszyscy mogą chcieć być twoimi przyjaciółmi, ty powinieneś okazywać przyjaźń wszystkim, nigdy nie oczekując niczego w zamian. Rozumiem i kocham wszystkich, lecz nie oczekuję od nikogo, żeby był moim przyjacielem i mnie rozumiał. Dzięki stosowaniu tej zasady, pozostaję w pokoju z samym sobą i światem, i nigdy nie miewam powodów do martwienia się.

Skarb przyjaźni jest najcenniejszym bogactwem, bo zabierasz go z sobą, udając się w zaświaty. W domu Ojca spotkają cię wszyscy prawdziwi przyjaciele, bo prawdziwa miłość nigdy nie ginie. Z drugiej strony, nienawiść też nigdy nie ginie. Wszystko, czego nienawidzisz,

Usuwanie świadomości niepokoju

również raz po raz przyciągasz do siebie, dopóki nie przezwyciężysz tej intensywnej niechęci. [...]

Nie wolno nienawidzić nawet nieprzyjaciół. Nikt nie jest całkowicie zły. Słysząc, jak ktoś gra na pianinie z uszkodzonym klawiszem, zwykle sądzisz, że całe pianino jest popsute. Tymczasem popsuty jest tylko jeden klawisz. Napraw go, a przekonasz się, że pianino jest zupełnie dobre. Bóg żyje we wszystkich swoich dzieciach. Nienawidzić kogoś, to wypierać się Go w sobie i w innych. Ta ziemia jest Bożym laboratorium. My, śmiertelnicy, spalamy się w ogniu doświadczeń po to, by nasza boska nieśmiertelność, pogrzebana pod zanieczyszczeniami ludzkiej świadomości, ponownie się objawiła. Kochaj wszystkich, zachowaj swoje opinie dla siebie i nie martw się.

Oddaj wszystkie kłopoty Bogu. Kiedy się martwisz, sam sobie wyprawiasz pogrzeb. Nie chcesz chyba, by pogrzebały cię za życia twoje niepokoje! Po co cierpieć i umierać codziennie ze zmartwienia? Bez względu na to, co przeżywasz – ubóstwo, smutek, chorobę – pamiętaj, że ktoś inny na tej ziemi cierpi stokrotnie bardziej od ciebie. Nie uważaj się za wielkiego nieszczęśnika, bo w ten sposób niszczysz sam siebie i odcinasz się od wszechmocnego światła Boga, które zawsze śpieszy ci z pomocą. [...]

Titiksza: sztuka wytrzymałości psychicznej

Nie będą miały na ciebie wpływu ani uczucia, ani cierpienia psychiczne, jeśli odłączysz od nich umysł i zakotwiczysz go w spokoju i radości Boga.

Wytrzymałość, którą zawdzięczamy równowadze umysłu, nazywa się w sanskrycie *titiksza*. Praktykowałem taką psychiczną neutralność. Siedziałem i medytowałem przez całą noc w lodowatej wodzie podczas przejmująco zimnej pogody. Podobnie, siedziałem od rana do wieczora na rozgrzanych, palących piaskach Indii. Dzięki temu zyskałem wielką siłę umysłu. Ćwiczenie się w takiej samodyscyplinie sprawia, że umysł staje się nieczuły na wszelkie niesprzyjające okoliczności. Jeśli myślisz, że nie możesz czegoś zrobić, to twój umysł jest niewolnikiem. Uwolnij się.

Jeśli myślisz, że nadchodzi zima i na pewno się przeziębisz, to nie rozwiniesz siły umysłu. Już skazałeś się na pewną chorobę. Kiedy czujesz, że może cię dopaść przeziębienie, sprzeciw mu się w myślach: „Idź precz! Rozsądnie stosuję środki zapobiegawcze, lecz zarazem nie pozwolę, aby martwienie się osłabiło mnie psychicznie i tym samym wywołało chorobę". To jest właściwe nastawienie psychiczne.

Usuwanie świadomości niepokoju

Całym sercem i szczerze rób zawsze wszystko jak najlepiej potrafisz, i nie martw się. Martwienie się tylko paraliżuje twoje wysiłki. Jeśli zrobisz, co w twojej mocy, Bóg wyciągnie do ciebie pomocną dłoń. [...]

Pamiętaj, że niemożliwe jest, by umysł cierpiał ból, chyba że zaakceptuje sugestię bólu. Umysł nie może cierpieć ubóstwa czy czegokolwiek innego, chyba że zgodzi się na taką nieprzyjemną sytuację. Jezusa surowo potraktowało życie – było ono pełne problemów, przeszkód i niewiadomych – a jednak On nie miał zmartwień. Pamiętaj, ty również jesteś synem Bożym. Wszyscy mogą cię opuścić, ale nie Bóg, ponieważ On cię kocha. Nigdy nie powinieneś się martwić, jako że Bóg stworzył cię niezwyciężonym na Swoje podobieństwo. [...]

Uświadom sobie, że zawsze jest w tobie nieskończona obecność Ojca Niebieskiego. Powiedz Mu: „W życiu i śmierci, w zdrowiu i w chorobie nie martwię się, o Panie, bo jestem Twym dzieckiem na zawsze".

LEW, KTÓRY STAŁ SIĘ OWCĄ

Tradycyjna bajka indyjska opowiedziana na nowo

Była sobie kiedyś ogromna lwica, brzemienna i półżywa z głodu. W miarę jak dni mijały i lwiątko w jej łonie przybierało na wadze, coraz trudniej było jej się poruszać i coś upolować. Nawet jeśli udało jej się podejść ofiarę, nie była dość szybka, by ją pochwycić, więc raz po raz wracała bez łupu.

Rycząc ze smutkiem, ociężała z powodu lwiątka w brzuchu i wyczerpana z głodu, lwica wędrowała po lesie, aż zasnęła w zagajniku graniczącym z pastwiskiem. Gdy tak drzemała, śniło jej się, że widzi stado pasących się owiec. Usiłując we śnie skoczyć na jedną z nich, wzdrygnęła się, ocknęła i ujrzała na jawie wielkie stado owiec pasące się w pobliżu.

Ogarnięta radością, nie pamiętając o lwiątku, które nosiła w sobie, i pod wpływem szaleństwa niezaspokojonego głodu, lwica rzuciła się na jagnię i znikła w głębi dżungli. Nawet nie poczuła, że z powodu ogromnego

Lew, który stał się owcą

wysiłku, jakim był dla niej ten szalony skok, urodziła małe.

W czasie ataku owce stały sparaliżowane strachem, ale kiedy lwica odeszła i ustała panika, ocknęły się z odrętwienia i zauważyły utratę jagniątka. Gdy lamentowały w swoim owczym języku, dostrzegły, ku swemu wielkiemu zdziwieniu, leżące pośród nich bezradne, miauczące lwiątko. Jedna z owiec pożałowała małego i zaopiekowała się nim jak swoim własnym.

Minęło kilka lat. Osierocony lew, teraz już dorosłe zwierzę z wielką grzywą i długim ogonem, żył pośród stada, zachowując się dokładnie tak jak owca. Nie rycząc, lecz mecząc i jedząc trawę zamiast mięsa, ten całkowicie wegetariański lew wydoskonalił się w byciu słabym i łagodnym jak jagnię.

Aż pewnego dnia zdarzyło się, że inny lew wyszedł z pobliskiego lasu na zielone pastwisko i ku swej radości ujrzał stado owiec. Rozemocjonowany i popędzany głodem, silny lew rozpoczął pościg za uciekającym stadem, aż ku swemu wielkiemu zdziwieniu, dostrzegł krzepkiego owco-lwa, z wysoko uniesionym ogonem, także umykającego ile tchu na przedzie stada.

Ścigający lew zatrzymał się na chwilę, wymachując ogonem w zdumieniu i zastanawiając się w myślach:

Żyć nieustraszenie

„Rozumiem, że owce uciekają przede mną, ale nie mogę pojąć, dlaczego ucieka krzepki lew! Ciekawi mnie ten uciekinier". Zdeterminowany, aby go dogonić, dopędził go szybko i rzucił się na zwierzę. Owco-lew zemdlał ze strachu. Drugi lew jeszcze bardziej się zdumiał. Cucąc owco-lwa z omdlenia, ganił go chrypliwym rykiem.

– Obudź się! Co ci jest? Dlaczego ty, mój brat-lew, uciekasz przede mną?

Owco-lew zamknął oczy i zameczał w języku owiec.

– Błagam, puść mnie. Nie zabijaj mnie! Jestem tylko owcą z tamtego stada, które uciekło i mnie zostawiło.

– Aha! Teraz rozumiem, dlaczego meczysz – powiedział lew. Zastanawiał się przez chwilę, po czym chwycił grzywę owco-lwa swoimi potężnymi szczękami i pociągnął go w stronę jeziora leżącego na skraju pastwiska. Gdy dotarli na brzeg jeziora, przytrzymał głowę omamionego zwierzęcia nad wodą, tak że się w niej odbijała, i potrząsnął nim gwałtownie, bo owco-lew nadal miał mocno zamknięte oczy.

– Co się z tobą dzieje? – zapytał. – Otwórz oczy i przekonaj się, że nie jesteś owcą.

– Mee, mee, mee! Proszę, nie zabijaj mnie. Puść mnie! Nie jestem lwem, tylko biedną, płochliwą owcą – zawodziło niemądre zwierzę.

Lew, który stał się owcą

Drugi lew, teraz już rozzłoszczony, potrząsnął swym jeńcem z całej siły. Pod wpływem tych wstrząsów owco--lew otworzył oczy i ze zdumieniem ujrzał w wodzie odbicie – nie, jak się spodziewał, owczej głowy, lecz głowy lwa, podobnej do głowy tego, który nim potrząsał. Wtedy drugi lew powiedział w lwim języku.

– Przyjrzyj się odbiciu mojego i twojego pyska w wodzie. Są takie same. A mój głos to ryk, nie meczenie. Musisz ryczeć, a nie meczeć.

Owco-lew, przekonany, próbował ryczeć, ale z początku udawało mu się wydawać tylko ryki pomieszane z meczeniem. Jednak pod uderzeniami łap i namowy swego nowego znajomego, w końcu nauczył się ryczeć jak należy. Wtedy oba lwy popędziły przez pola [...].

Powyższa historia dobrze ilustruje to, jak większość z nas, chociaż jesteśmy stworzeni na podobieństwo wszechpotężnego Boskiego Lwa Wszechświata, pamięta jedynie, że się urodziła i wychowała w owczej zagrodzie ludzkich słabości. I tak meczymy ze strachu przed drapieżnikami chorób, niedostatku, smutku i śmierci zamiast ryczeć z poczucia nieśmiertelności i mocy, i polować na ludzką ułudę i niewiedzę.

NIEZWYCIĘŻONY LEW JAŹNI

Choć jestem lwięciem Boskiego Lwa, to czuję się jakoś zamknięty w owczej zagrodzie ułomności i ograniczeń. Pełen strachu, od dawna żyjąc z owcami, dzień za dniem meczałem. Zapomniałem o swym straszliwym ryku, który odgania wszystkie nieprzyjazne smutki.

O Niezwyciężony Lwie Jaźni! Zaprawdę zaciągnąłeś mnie do wodopoju medytacji, mówiąc: „Tyś jest lew, a nie owca! Otwórz oczy i zarycz!".

Pod wpływem silnych wstrząsów Twych duchowych ponagleń spojrzałem wreszcie w kryształowe wody spokoju. I oto ujrzałem mą twarz podobną do Twojej!

Wiem teraz, że jestem lwem o kosmicznej mocy. Już nie meczę, lecz hukiem Twego potężnego głosu wstrząsam lasem błędów. Bosko wolny przemierzam susami dżunglę ziemskich iluzji, pożerając drobne stworzenia dokuczliwych zmartwień i lęków, a także dzikie hieny niedowierzania.

O Lwie Wyzwolenia, stale ślij przeze mnie Twój ryk wszechzwycięskiej odwagi!

– *z* Whispers From Eternity

DROGA DO TRWAŁEJ NIEUSTRASZONOŚCI: DOŚWIADCZANIE NIEŚMIERTELNOŚCI POPRZEZ MEDYTACJĘ

Czy zdarza ci się myśleć, że bywasz całkowicie wytrącony z równowagi – czujesz się poruszony, wstrząśnięty, wzburzony, bezsilny? Przegnaj takie myśli! Masz moc; nie używasz jej. Masz wszelką moc, jakiej potrzebujesz. Nie ma nic potężniejszego od mocy umysłu.

———•———

Jakże bardzo potrzebna jest analiza własnego zachowania. Niektórzy są pełni strachu; uczynili z tego stanu swój stały nawyk. Codziennie pielęgnują strach; i dlatego ich dni są smutne, pełne zmartwień i niepokoju. Jaka w tym logika? Wszyscy któregoś dnia umrzemy. Zdarza się to tylko raz, a kiedy się zdarzy, wszystko się skończy. Po co więc się tego bać? Po co codziennie umierać ze strachu? Gdy nauczymy się jasno rozumować, to odkrywamy, że bardzo wiele z naszych codziennych postaw i działań jest głupotą; poczucie nieszczęścia, jakie stwarzają, jest całkowicie zbędne.

To prawda, że ludzkie ego przybiera tylko raz tę samą osobowość i kształt. Lecz pomimo że ego kolejno porzuca indywidualności swoich inkarnacji, to jednak przenosi z sobą, zapisane w podświadomości, przyjemne i straszliwe przeżycia z doświadczeń wszystkich przeszłych żywotów. Każdy człowiek ma w sobie wiele nieuświadomionych lęków pochodzących z przykrych doświadczeń dawno zapomnianych żywotów.

Ci, którzy spędzają swe ziemskie żywoty, tylko reagując emocjonalnie na niekończące się obrazy utworzonego ze snu życia, wciąż na nowo oglądają burzliwe senne obrazy śmierci i nowych inkarnacji [...]. W głębokich stanach *samadhi* osiąganych w medytacji wymazane zostają dręczące widma niewytłumaczalnych ludzkich lęków.

Uwolnij umysł z drobnych nawyków, które przez cały czas trzymają cię w niewoli świata. Uśmiechaj się wiecznym uśmiechem – uśmiechem Boga. Uśmiechaj

Doświadczanie nieśmiertelności poprzez medytację

się raźnym uśmiechem wyważonej brawury – owym wspaniałym uśmiechem, którego nikt nie może ci odebrać. Przeżywaj każdą sekundę mając świadomość swego związku z Nieskończonym.

Uświadomienie sobie, że cała moc myślenia, mówienia, odczuwania i działania pochodzi od Boga i że On zawsze jest z nami, inspirując nas i prowadząc, natychmiast uwalnia nas od nerwowości. Wraz z tym zrozumieniem pojawiają się przebłyski boskiej radości; czasami całe nasze jestestwo przenika głębokie odczucie oświecenia, które usuwa nawet samo pojęcie strachu. Jak ocean wdziera się moc Boża, zalewając serce oczyszczającą powodzią, usuwając wszelkie przeszkody zwodniczych wątpliwości, nerwowości i strachu. Złudzenie materii, świadomość bycia jedynie śmiertelnym ciałem zostają pokonane w kontakcie ze słodkim spokojem Ducha, który osiąga się dzięki codziennej medytacji. Wtedy wie się, że ciało jest tylko małym bąbelkiem energii w Jego kosmicznym oceanie.

Bóg stworzył nas aniołami energii zamkniętymi w bryłach materii – z prądem siły życiowej świecącym w żarówce ciała – lecz my koncentrujemy się na słabościach i kruchości żarówki, zapomniawszy, jak odczuwać niezniszczalne właściwości nieśmiertelnej, wiecznej energii życiowej w podlegającym zmianom ciele.

Tylko śnisz, że masz ciało. Twoje prawdziwe „ja" jest światłem i świadomością. Nie jesteś fizycznym ciałem. To, że widzimy ciało zwodzi naszą materialną świadomość. Jeśli będziesz pielęgnował nadświadomość – odczuwanie swego prawdziwego „ja", duszy – poznasz, że ciało jest tylko projekcją owego niewidzialnego „ja" w tobie. Wtedy potrafisz uczynić z ciałem, co zechcesz. Ale nie próbuj jeszcze chodzić po wodzie!

Wysiłek duchowy należy wkładać w przemianę świadomości z przeświadczenia, że jesteśmy śmiertelnym ciałem na urzeczywistnienie prawdy, że materialne ciało składa się z nieśmiertelnej, niezniszczalnej energii zakrzepłej w ludzki kształt i że kształt ten podtrzymuje inteligentna Kosmiczna Energia Boga płynąca w nas i wokół nas [...].

Doświadczanie nieśmiertelności poprzez medytację

Czystej energii nie da się zniszczyć w wypadkach samochodowych, nie zaszkodzi jej reumatyzm, zapalenie wyrostka, rak ani gruźlica – ani też nie da się jej przebić mieczem, zastrzelić czy spalić ogniem. Potrzebujemy praktycznej religii, która nas nauczy, jak stać się świadomymi siebie jako dusz zamkniętych w ciałach z wiecznej świetlnej energii.

Skieruj uwagę do wewnątrz, odwracając ją od ograniczonego, widzialnego człowieka. Ciało fizyczne miewa bóle głowy i żołądka; podupada ze starości; jest jak kapryśne zwierzę, wiecznie czegoś się domaga. Widzialny człowiek nie może znieść upadku, a niekiedy wzdryga się nawet przed ukłuciem; niewidzialnego człowieka nic nie rani. Jest wolny. Potrafi przegnać wszystkie problemy ciała fizycznego. Niewidzialny człowiek w tobie jest tym, czym jesteś. W Gicie powiedziane jest: „Jedyny, który wszystko przenika, jest niezniszczalny. Nic nie może zniszczyć tego Niezmiennego Ducha"[1].

Uważasz się za ciało, ale nim nie jesteś. Kawałek lodu można rozpuścić, zmieniając go w wodę, która potem zniknie wskutek parowania. Proces ten można odwrócić,

[1] Bhagawadgita II:17

Żyć nieustraszenie

skraplając parę w wodę i zamrażając ją ponownie w lód, ciało stałe. Zwykły człowiek nie nauczył się jeszcze dokonywać podobnych przemian atomów swego ciała, ale Chrystus pokazał, że można tego dokonać. [...]

Zbliżamy się do okresu ewolucji, kiedy coraz lepiej będziemy poznawać, że jesteśmy rzeczywiście istotami niewidzialnymi, duszami. Życie jedynie w świadomości widzialnego ciała opóźnia rozwój duchowy, ponieważ ciało podlega cierpieniom z powodu chorób, ran, ubóstwa, głodu i śmierci. Nie powinniśmy myśleć o sobie jako o widzialnym, podatnym na zranienie, zniszczalnym ciele. Niewidzialnego człowieka w nas nie można zranić ani zabić. Czyż nie powinniśmy usilniej dążyć do urzeczywistnienia naszej nieznanej, nieśmiertelnej natury? Poznając lepiej owego niewidzialnego siebie, potrafimy rządzić człowiekiem widzialnym, tak jak potrafią to wielcy mistrzowie. Nawet gdy widzialny człowiek bardzo cierpi, osoba świadoma swych boskich mocy jako niewidzialny człowiek w niej samej, potrafi się odłączyć od fizycznego cierpienia.

Jak możesz uzyskać taką władzę? Najpierw musisz się nauczyć więcej przebywać w ciszy; musisz się nauczyć medytować. Z początku może ci się wydawać to nieciekawe. Pozostawałeś w tak bliskim kontakcie

Doświadczanie nieśmiertelności poprzez medytację

z widzialnym ciałem, że trudno ci myśleć o czymś innym niż jego nieustanne kłopoty, pragnienia i wymagania. Ale postaraj się. Z zamkniętymi oczami powtarzaj w kółko: „Jestem stworzony na podobieństwo Boże. Nic nie może w żaden sposób unicestwić mojego życia. Jestem nieśmiertelnym niewidzialnym człowiekiem".

Ów niewidzialny człowiek uczyniony jest na podobieństwo Boże, wolny jak Duch. W człowieku widzialnym mieszczą się wszystkie udręki i ograniczenia świata. Zawsze kiedy jesteśmy świadomi swych ciał, pozostajemy związani ograniczeniami ciała. Dlatego wielcy mistrzowie uczą nas, abyśmy zamykali oczy i przypominali sobie, podczas medytacji o niewidzialnym sobie, że nie jesteśmy ograniczeni możliwościami fizycznego ciała [...].

W medytacji zaglądasz w ciemność za zamkniętymi powiekami i skupiasz uwagę na duszy, niewidzialnym „ja" w sobie. Ucząc się panować nad myślami i skupiać umysł poprzez stosowanie podanych przez guru naukowych technik medytacji, stopniowo rozwiniesz się duchowo. Twoje medytacje się pogłębią i niewidzialny ty, dusza będąca obrazem Boga w tobie, staniesz się dla siebie rzeczywisty. W tym radosnym przebudzeniu własnej Jaźni ograniczona świadomość cielesna, która była dla ciebie

Żyć nieustraszenie

tak realna, staje się nierealna; i wiesz, że odnalazłeś prawdziwego, niezwyciężonego siebie i jedność z Bogiem.

———•———

Staraj się z całych sił dotrzeć do Boga. Podaję ci praktyczne rady, prawdy do zastosowania w praktyce; i daję ci filozofię, która usunie całą twoją świadomość cierpienia. Nie bój się niczego [...].

Medytuj głęboko i szczerze, a pewnego dnia obudzisz się w ekstazie w Bogu i przekonasz się, jak niemądre jest ludzkie przekonanie, że tkwimy w cierpieniu. Ty, ja i oni jesteśmy czystym Duchem.

———•———

O Wszechobecny Opiekunie! Gdy chmury wojny zsyłają deszcze gazu i ognia, Ty bądź moim schronem.

W życiu i śmierci, w chorobie, głodzie, zarazie czy ubóstwie obym zawsze trzymał się Ciebie. Pomóż mi poznać, że jestem nieśmiertelnym Duchem, nietkniętym przemianami wieku dziecięcego, młodości, starości i wstrząsami na świecie.

– z *Whispers From Eternity*

JAK UZYSKAĆ WEWNĘTRZNĄ PEWNOŚĆ, ŻE BÓG JEST Z TOBĄ[1]

W sanskrycie słowo „wiara" jest cudownie pełne ekspresji. Jest to *visvas*. Potoczne, dosłowne tłumaczenie: „oddychać lekko"; „mieć ufność"; „być wolnym od strachu", nie oddaje jego pełnego znaczenia. Sanskryckie *svas* oznacza ruch oddechu, tym samym implikując życie i czucie. *Vi* ma znaczenie: „przeciwny"; „bez". To znaczy, że ten, kogo oddech, życie i czucie są wyciszone, ma wiarę uzyskaną intuicyjnie; takiej wiary nie mogą mieć osoby niespokojne emocjonalnie. Pielęgnowanie intuicyjnego spokoju wymaga rozwijania życia wewnętrznego. Intuicja, gdy jest dostatecznie rozwinięta, umożliwia naoczne uchwycenie prawdy. Możesz uzyskać to cudowne poznanie. Środkiem do tego jest medytacja.

---

[1] Fragmenty z *Journey to Self-Realization* (Paramahansa Jogananda, *Collected Talks and Essays*, tom III)

Żyć nieustraszenie

Medytuj cierpliwie i wytrwale. W narastającym spokoju wejdziesz w sferę intuicji duszy. W ciągu wieków oświecenie osiągnęły te istoty, które miały dostęp do owego wewnętrznego świata obcowania z Bogiem. Jezus powiedział: „ [...] Gdy się modlisz, wejdź do komory swojej, a zamknąwszy drzwi za sobą, módl się do Ojca swego, który jest w ukryciu, a Ojciec twój, który widzi w ukryciu, odpłaci tobie" (Mt 6:6). Wejdź w Siebie, zamykając drzwi zmysłów i ich połączenia z niespokojnym światem, a Bóg ci ujawni wszystkie swoje cuda.

———•———

Jeśli żyjesz ze świadomością, że jesteś Jego dzieckiem, a On jest twoim Ojcem, i postanowisz z całą determinacją dawać z siebie wszystko, to pomimo przeszkód i nawet jeśli popełnisz błędy, Jego moc będzie z tobą i przyjdzie ci z pomocą. Żyję zgodnie z tym prawem...

W San Francisco [w 1925 roku] miałem tylko dwieście dolarów w banku i właśnie zamierzałem zacząć kampanię wykładową. Nie miałem dość pieniędzy nawet na jej rozpoczęcie, za to wiele pokaźnych rachunków do zapłacenia. Powiedziałem: „Bóg jest ze mną. On dał mi ten kłopot i On o mnie zadba. Wykonuję Jego dzieło; wiem, że mi

Jak uzyskać wewnętrzną pewność, że Bóg jest z tobą

pomoże". Nawet jeśli cały świat cię opuścił, ale *wiesz*, że On jest z tobą, Jego prawo zdziała dla ciebie cuda.

Kiedy przyszedł do mnie mój sekretarz, a ja powiedziałem mu, ile pieniędzy mamy w banku, to dosłownie zasłabł i runął na podłogę. Powiedziałem: „Wstań". Trząsł się: „Pójdziemy do więzienia za niepłacenie rachunków!". „Nie pójdziemy do więzienia – odparłem. W ciągu siedmiu dni dostaniemy całą kwotę, jakiej potrzebujemy na kampanię".

On był wątpiącym Tomaszem, ale ja miałem wiarę. Pieniądze nie były mi potrzebne dla własnej korzyści, lecz po to, aby szerzyć dzieło Boże. Nie lękałem się nawet pomimo ogromu trudności. Lęk boi się mnie. Czego się bać? Nic nie powinno cię przerażać. Stawiaj czoło trudnościom z wiarą w Boga, a zwyciężysz.

W Bhagawadgicie jest powiedziane: „Myśląc wciąż o mnie, z mej łaski pokonasz wszystkie przeszkody"[2]. I zobacz, co się stało! Przechodziłem obok Palace Hotel, kiedy podeszła do mnie jakaś starsza kobieta i zagadnęła:

– Czy możemy porozmawiać?

Zamieniliśmy kilka słów, a potem ni stąd, ni zowąd powiedziała:

2 XVIII:58

– Mam dużo pieniędzy. Czy mogłabym panu pomóc?

– Nie potrzebuję pani pieniędzy. Dlaczego miałaby pani oferować mi pieniądze, nawet mnie nie znając? – odpowiedziałem.

– Ależ znam pana! Bardzo dużo o panu słyszałam.

I od razu wypisała czek na dwadzieścia siedem tysięcy dolarów. Dojrzałem w tym rękę Boga. [...]

Radzę sobie w życiu dzięki wierze w Boga. Bóg jest moją mocą. Nie wierzę w żadne inne moce. Gdy koncentruję się na tej Mocy, działa ona we mnie. [...] W tobie również działa moc Boża. Przekonasz się, że tak jest, jeśli będziesz miał wiarę i przekonanie, że powodzenie nie pochodzi z materialnych źródeł, lecz od Boga.

Pan nie mówi ci, że nie musisz myśleć samodzielnie ani że nie potrzebujesz używać własnej inicjatywy. Musisz robić to, co do ciebie należy. Rzecz w tym, że jeśli oderwałeś się od Źródła z powodu złych uczynków i pożądań, braku wiary lub dlatego, że z Nim nie obcowałeś, to nie możesz otrzymywać Jego wszechmocnej pomocy. Ale jeśli pozostajesz w harmonii z Bogiem, to On ci pomoże postąpić właściwie i uniknąć błędów.

Zacznij od głębokiej, regularnej medytacji rano i wieczorem. Im więcej będziesz medytował, tym mocniej będziesz sobie uświadamiał, że poza sferą zwykłej

Jak uzyskać wewnętrzną pewność, że Bóg jest z tobą

świadomości jest Coś, w czym panują wielki spokój i szczęście. Praktykuj obecność tego spokoju i szczęścia, jest to bowiem pierwszy dowód kontaktu z Bogiem. Jest to świadome urzeczywistnienie Prawdy w sobie. To wszystko, czego potrzebujesz.

Tak właśnie należy czcić Prawdę; możemy bowiem czcić tylko to, co znamy. Większość ludzi czci Boga jako Coś nienamacalnego. Jeśli jednak zaczniesz Go czcić jako Coś rzeczywistego, doświadczając Go wewnętrznie, to będziesz coraz mocniej odczuwał obecność Jego mocy w swoim życiu. Nic innego nie da ci takiej więzi z Bogiem, jaka rodzi się z głębokiej medytacji. Żarliwy wysiłek w celu pogłębienia wewnętrznego spokoju i szczęścia zrodzonych z medytacji to jedyny sposób urzeczywistnienia Boga w sobie.

Dobrą porą modlitwy o to, aby Bóg cię prowadził, jest czas po medytacji, gdy już poczułeś wewnętrzny spokój i radość, to znaczy gdy już ustanowiłeś kontakt z Bogiem. Jeśli uważasz, że czegoś potrzebujesz, możesz przedstawić tę potrzebę Bogu i zapytać, czy twoja modlitwa jest uzasadniona. Jeśli czujesz wewnętrznie, że potrzeba jest słuszna, to módl się: „Panie, wiesz, że tego potrzebuję. Będę rozsądny, będę twórczy, zrobię wszystko, co trzeba. Jedyne, o co Cię proszę, to abyś kierował moją wolę i zdolności twórcze ku temu, co naprawdę powinienem robić".

Bądź uczciwy wobec Boga. Możliwe, że ma On dla ciebie coś lepszego od tego, o co się modlisz. Jest faktem, że niekiedy najżarliwsze modlitwy i najsilniejsze pragnienia są twoimi największymi wrogami. Rozmawiaj szczerze i uczciwie z Bogiem i niech On postanawia, co jest dla ciebie dobre. Jeśli Mu się poddasz, to cię poprowadzi i będzie działał razem z tobą. Nawet jeśli popełnisz błąd, nie bój się. Miej wiarę. Wiedz, że Bóg jest z tobą. Niech ta Moc kieruje tobą we wszystkim. Jest niezawodna. Prawda ta stosuje się do każdego człowieka.

NIEUSTRASZONOŚĆ OZNACZA WIARĘ W BOGA

Nieustraszoność to niewzruszona skała, na której musi zostać wzniesiony dom duchowego życia. Nieustraszoność oznacza wiarę w Boga: wiarę w Jego ochronę, Jego sprawiedliwość, Jego mądrość, Jego miłosierdzie, Jego miłość, Jego wszechobecność [...].

Strach pozbawia człowieka nieugiętości duszy. Zakłócając harmonijne działanie Natury, emanujące z jego wewnętrznego źródła boskiej mocy, strach powoduje zaburzenia fizyczne, psychiczne i duchowe. Ogromny strach może nawet zatrzymać serce i spowodować nagłą śmierć. Długotrwałe lęki prowadzą do kompleksów psychicznych i chronicznej nerwowości.

Strach wiąże umysł i serce (uczucie) z zewnętrzną stroną człowieka sprawiając, że świadomość identyfikuje się z nerwowością psychiczną lub fizyczną, co sprawia, że dusza koncentracje się na ego, ciele i na tym, czego się boimy. Wielbiciel powinien odrzucić wszystkie obawy,

Żyć nieustraszenie

rozumiejąc, że są to przeszkody, które uniemożliwiają mu koncentrację na niewzruszonym spokoju duszy [...].

Ostatecznym wyzwaniem dla wiary człowieka jest prawdopodobnie śmierć. Strach przed tym nieuniknionym faktem jest głupotą. Śmierć przychodzi tylko raz w życiu; a gdy już nastąpi, doświadczenie to jest już poza nami i nie wpływa w żadnym stopniu na naszą prawdziwą tożsamość ani nie umniejsza naszego prawdziwego jestestwa.

Również choroba jest rękawicą rzuconą na wyzwanie wierze. Chory człowiek powinien usilnie starać się pozbyć choroby. A jeśli lekarze stwierdzą, że nie ma nadziei, powinien zachować spokój, bo strach zamyka oczy wiary na wszechmocną, współczującą Boską Obecność. Zamiast poddawać się lękowi, powinien afirmować: „Jestem zawsze bezpieczny w fortecy Twej pełnej miłości troski". Nieustraszony wielbiciel, umierający na skutek nieuleczalnej choroby, koncentruje się na Panu i przygotowuje się do uwolnienia z cielesnego więzienia i rozpoczęcia wspaniałego życia pozagrobowego w świecie astralnym. Tym samym w następnym żywocie zbliża się do celu ostatecznego wyzwolenia. Człowiek, który umiera w przerażeniu, z rozpaczy zwątpiwszy w Boga i nie pamiętawszy o swej nieśmiertelnej naturze, przynosi z sobą

Nieustraszoność oznacza wiarę w Boga

do następnego wcielenia przygnębiający wzorzec strachu i słabości; taki zapis w pamięci może przyciągnąć do niego podobne nieszczęścia – kontynuację lekcji karmicznej, której jeszcze nie przerobił. Natomiast nieustraszony wielbiciel, chociaż przegrał bitwę ze śmiercią, wygrywa wojnę o wolność. Wszystkim ludziom przeznaczone jest poznanie, że świadomość duszy może zatriumfować nad każdym zewnętrznym nieszczęściem.

Kiedy podświadome lęki ciągle atakują umysł, wskazuje to na istnienie jakiegoś głęboko zakorzenionego wzorca karmicznego. Wielbiciel powinien tym usilniej odwracać od nich uwagę, wypełniając swój świadomy umysł myślami napawającymi odwagą. Dodatkowo, co najważniejsze, powinien oddać się całkowicie w godne zaufania ręce Boga. Aby doznać samourzeczywistnienia, człowiek musi być nieustraszony.

Najwyższa wiara: poddanie się Bogu bez lęku

Życie, jego istota i cel, jest zagadką – trudną, ale nie niemożliwą do rozwikłania. Dzięki naszemu postępowemu myśleniu codziennie rozwiązujemy niektóre z jego tajemnic. [...] Ale wydaje się, że pomimo wszystkich naszych urządzeń, strategii i wynalazków nadal jesteśmy tylko zabawkami w rękach losu i przed nami jeszcze daleka droga do uniezależnienia się od dominacji przyrody.

Stale być się na łasce przyrody – to z pewnością nie jest wolność. Nasze pełne entuzjazmu umysły brutalnie przenika poczucie bezradności, gdy padamy ofiarą powodzi, tornad lub trzęsień ziemi; albo gdy najwyraźniej bez żadnego widocznego powodu, choroba lub wypadek odbiera nam naszych najbliższych. Wtedy właśnie poznajemy, że w istocie nie osiągnęliśmy wiele podbojem przyrody. Na przekór wszystkim naszym wysiłkom uczynienia życia takim, jakiego chcemy, zawsze istnieć będą pewne uwarunkowania obowiązujące na tej planecie – niezliczone i kierowane przez nieznaną Inteligencję, działające bez naszej inicjatywy – które uniemożliwiają nam władzę nad przyrodą. Mimo całej naszej pewności nadal musimy znosić niepewną egzystencję.

Stąd rodzi się konieczność polegania bez lęku na naszej prawdziwej, nieśmiertelnej Jaźni i Najwyższym Bogu, na którego obraz Jaźń ta jest stworzona – potrzeba wiary pozbawionej egoizmu, która kroczy naprzód radośnie, nie znając trwogi ani przymusu.

Nieustraszoność oznacza wiarę w Boga

Praktykuj absolutne, pozbawione lęku poddanie się tej Najwyższej Mocy. Nieważne, że dzisiaj postanawiasz, iż jesteś wolny i niepokonany, a następnego dnia łapiesz grypę i jesteś żałośnie chory. Nie dawaj za wygraną! Rozkaż swojej świadomości, by trwała niezłomnie w wierze. Jaźń nie może się zarazić chorobą. Dolegliwości cielesne przychodzą do ciebie z powodu stworzonych przez ciebie samego chorobowych nawyków tkwiących w umyśle podświadomym. Takie przejawy karmy nie zaprzeczają skuteczności i dynamicznej mocy wiary.

Utrzymuj ster wiary i nie przejmuj się tym, że uderzają w ciebie fale niesprzyjających okoliczności. Bądź bardziej zaciekły od zaciekłości złego losu, śmielszy od twoich zagrożeń. Im większy wpływ wywierać będzie na ciebie dynamika takiej nowo odnalezionej wiary, tym bardziej, proporcjonalnie, zelżeje niewolnicze jarzmo słabości.

Krwinka nie popłynie we krwi ani oddech nie wpłynie do nozdrzy bez nakazu Pana. Dlatego kryterium wiary jest absolutne poddanie się Bogu. Poddanie się nie jest lenistwem, oczekiwaniem, że Bóg zrobi wszystko za ciebie – potrzebny jest również twój największy wysiłek, aby uzyskać pożądany skutek – jest to raczej poddanie się wynikające z miłości do Boga i czci dla Jego najwyższej władzy.

———•·•———

Moje dzieło jest spełnione, jeśli rozniecałem w tobie choć najmniejszą iskierkę miłości, jaką ja czuję do Ojca. [W młodości] poświęciłem bardzo dużo czasu, by się z Nim zaznajomić. Wydawało mi się, że w tym żywocie nie zdołam osiągnąć celu, bo umysł był tak bardzo niespokojny. Ale ilekroć umysł starał się podstępem odciągnąć mnie od medytacji, ja używałem podstępu wobec niego: „Będę tu siedział, bez względu na pojawiające się hałasy i inne przeszkody. Choćbym miał umrzeć, wytrwam do końca". Gdy takim sposobem nie ustawałem w wysiłkach, od czasu do czasu dostrzegałem Boskiego Ducha; jak iskra, był blisko, a zarazem tak daleko, pojawiał się i od razu znikał. Ale pozostałem nieugięty. Jakże wyczekiwałem – z nieskończoną determinacją w niewidzialnej ciszy! Im głębszą osiągałem koncentrację, tym wyraźniejsza i silniejsza stawała się Jego obecność. Teraz jest On ze mną zawsze.

Błogosławiony jesteś, który słyszysz to boskie przesłanie, przesłanie Ducha, przesłanie, które rozwiązuje tajemnicę wszechświata. Czego się boisz? Odrzuć

Nieustraszoność oznacza wiarę w Boga

wszystkie lęki! Nie ma się już więcej czego bać, kiedy dotknęło się Wielkiej Mocy Ducha, władającego wszystkimi siłami stworzenia, całej maszynerii tego wszechświata. Gdzież mógłbyś znaleźć większą nadzieję, gdzież mógłbyś szukać większego bezpieczeństwa niż w łączności z Nieskończonym Bytem, który jest istotą wszystkiego, co jest? [...]

On jest jedyną bezpieczną przystanią pośród sztormów tego świata. „U Niego szukaj ucieczki całym swym sercem. Za Jego łaską odnajdziesz ciszę najwyższą – stan wieczny"[1]. W Nim znalazłem radość życia, nieopisany błogostan istnienia, cudowną świadomość Jego wszechobecności we mnie samym. Chcę, abyście wszyscy to znaleźli.

---

1 Bhagawadgita VXIII : 62. Przekład Anny Rucińkiej, Warszawa 2002

EPILOG

"Trwaj niewzruszenie pośród huku roztrzaskujących się światów!"

Jako że czas kroczy naprzód, ostatecznie nieuchronnie poznasz, że jesteś częścią wielkiego Jedynego. Uczyń urzeczywistnienie Boga w sobie swoim celem. Mahawatar Babadźi powiedział, że nawet maleńka cząstka *dharmy* – słusznego postępowania, dążenia do poznania Boga – ochroni cię przed wielkim strachem.[1]

Perspektywa śmierci, niepowodzenia lub innych poważnych kłopotów budzi w człowieku wielki strach. Kiedy sam nie potrafisz sobie pomóc, kiedy nie może ci pomóc rodzina ani nikt inny, to jaki jest wtedy twój stan umysłu? Dlaczego dopuszczać do takiej sytuacji? Znajdź Boga i oparcie w Nim.

Zanim jeszcze był przy tobie ktokolwiek, to kto był przy tobie? Bóg. A kiedy opuścisz ten świat, kto będzie przy tobie? Tylko Bóg. Ale nie zdołasz Go wówczas

---

[1] Parafraza słów Bhagawadgity, II;40. Mahawatar Babadźi, pierwszy oświecony przez Boga mistrz, w którego linii działał Paramahansa Jogananda, często cytował ten werset w odniesieniu do *krija-jogi*.

Epilog

rozpoznać, jeśli nie zaprzyjaźnisz się z Nim teraz. Jeśli z całej duszy szukasz Boga, odnajdziesz Go.

Nadeszła pora, abyś poznał i zrozumiał cel religii: jak połączyć się z tą najwyższą Radością, którą jest Bóg, wielki i wieczny Pocieszyciel. Jeśli potrafisz znaleźć tę Radość i jeśli potrafisz utrzymać tę Radość przez cały czas, to bez względu na to, co zdarzy ci się w życiu, będziesz trwał niewzruszenie pośród huku roztrzaskujących się światów.

Nie bój się niczego. Nawet miotany falami podczas burzy, jesteś nadal na łonie oceanu. Zawsze utrzymuj świadomość obecności Boga we wszystkim. Bądź niewzruszony i powtarzaj: „Jestem nieustraszony; jestem stworzony z substancji Boga. Jestem iskrą Ognia Ducha. Jestem atomem Kosmicznego Płomienia. Jestem komórką w ogromnym, kosmicznym ciele Ojca. «Ja i mój Ojciec jedno jesteśmy»".

O AUTORZE

Paramahansa Jogananda (1893-1952) powszechnie uważany jest za jedną z najwybitniejszych duchowych postaci naszych czasów. Urodzony w północnych Indiach, przybył do Stanów Zjednoczonych w 1920 roku, gdzie przez ponad trzydzieści lat propagował starożytną indyjską naukę medytacji i sztukę zrównoważonego życia duchowego. Poprzez wysoko cenioną historię własnego życia, opisaną w *Autobiografii jogina*, i wiele innych książek Paramahansa Jogananda zapoznał miliony czytelników z odwieczną mądrością Wschodu. Pod przewodnictwem jednej ze swoich najbliższych uczennic, Śri Mrinalini Maty, jego duchowe i humanitarne dzieło kontynuowane jest przez Self-Realization Fellowship [1], międzynarodowe stowarzyszenie, które założył w 1920 roku w celu szerzenia przekazywanych przez siebie nauk na całym świecie.

---

[1] Dosłownie tłumacząc, „Stowarzyszenie Samorealizacji". Paramahansa Jogananda wyjaśnił, że nazwa Self-Realization Fellowship oznacza „wspólnotę z Bogiem poprzez samourzeczywistnienie i przyjaźń ze wszystkimi poszukującymi prawdy duszami".

DODATKOWE INFORMACJE O NAUKACH PARAMAHANSY JOGANANDY O *KRIJA-JODZE*

Self-Realization Fellowship ofiaruje dowolnie pomoc poszukiwaczom na całym świecie. W celu uzyskania informacji odnośnie corocznej serii publicznych wykładów i lekcji, medytacji i modlitw w naszych inspirujących świątyniach i ośrodkach na całym świecie, harmonogramu rekolekcji i innych działań, zapraszamy do odwiedzenia naszej strony internetowej lub naszej międzynarodowej siedziby:

www.yogananda-srf.org

Self-Realization Fellowship
3880 San Rafael Avenue
Los Angeles, CA 90065
(323) 225-2471

AUTOBIOGRAFIA JOGINA

Paramahansy Joganandy

Ta ciesząca się ogromnym uznaniem autobiografia to jednocześnie pasjonująca historia niezwykłego życia i wnikliwe, niezapomniane spojrzenie na najistotniejsze tajemnice ludzkiego bytu. Uznana po pierwszym jej wydaniu za doniosłe dzieło literatury duchowej, pozostaje nadal jedną z najpowszechniej czytanych i najwybitniejszych książek z zakresu mądrości Wschodu, jakie dotąd opublikowano.

Z ujmującą szczerością, elokwencją i dowcipem Paramhansa Jogananda przedstawia inspirującą kronikę swojego życia – doświadczenia niezwykłego dzieciństwa, spotkania z wieloma świętymi i mędrcami podczas swoich młodzieńczych poszukiwań oświeconego nauczyciela, które prowadził w całych Indiach, dziesięć lat nauki w pustelni szanowanego nauczyciela jogi i trzydzieści lat życia i nauczania w Ameryce. Opisuje również swoje spotkania z Mahatmą Gandhim, Rabindranthem Tagore, Lutherem Burbankiem, katolicką stygmatyczką Teresą Neumann i innymi słynnymi postaciami duchowymi Wschodu i Zachodu. Książka zawiera także obszerny materiał, który dodał on już po ukazaniu się w 1946 roku pierwszego wydania, oraz końcowy rozdział o ostatnich latach jego życia.

Uznana za klasyczne dzieło współczesnej literatury duchowej, *Autobiografia jogina* wprowadza nas głęboko w starożytną naukę jogi. Została przetłumaczona na wiele języków i jest powszechnie studiowana w college'ach i uniwersytetach. Stale na liście bestsellerów, książka znalazła sobie drogę do serc milionów czytelników na całym świecie.

„Niebywała historia".

– The New York Times

„Fascynujące i opatrzone klarownymi komentarzami studium".

– Newsweek

„Nigdy dotąd nie napisano w języku angielskim ani w żadnym języku europejskim równie doskonałej prezentacji jogi".

– Columbia University Press

KSIĄŻKI PARAMAHANSY JOGANANDY W JĘZYKU POLSKIM

do nabycia w księgarniach lub bezpośrednio od wydawcy

Self-Realization Fellowship
www.yogananda-srf.org

Autobiografia jogina

Jak można rozmawiać z Bogiem

Naukowy aspekt religii

Medytacje metafizyczne

KSIĄŻKI PARAMAHANSY JOGANANDY W JĘZYKU ANGIELSKIM

do nabycia w księgarniach lub bezpośrednio od wydawcy

Self-Realization Fellowship
3880 San Rafael Avenue • Los Angeles, California 90065-3219
Tel (323) 225-2471 • Fax (323) 225-5088
www.yogananda-srf.org

Autobiography of a Yogi

The Second Coming of Christ:
The Resurrection of the Christ Within You
Odkrywczy komentarz do oryginalnych nauk Jezusa.

God Talks with Arjuna: The Bhagavad Gita
Nowy przekład wraz z komentarzem.

Man's Eternal Quest
Wybór odczytów i pogadanek
Paramahansy Joganandy, tom I.

The Divine Romance
Wybór odczytów, pogadanek i esejów
Paramahansy Joganandy, tom II.

Journey to Self-realization
Wybór odczytów i pogadanek
Paramahansy Joganandy, tom III.

Wine of the Mystic:
The Rubaiyat of Omar Khayyam — A Spiritual Interpretation
Natchniony komentarz, który wydobywa na jaw mistyczną naukę komunii z Bogiem, skrytą w zagadkowych obrazach poetyckich *Rubajatów*.

Where There Is Light:
Insight and Inspiration for Meeting Life's Challenges

Whispers from Eternity
Zbiór modlitw i opisy przeżyć duchowych, jakich Paramahansa Jogananda doznał w głębokiej medytacji.

The Science of Religion

The Yoga of the Bhagavad Gita:
An Introduction to India's Universal Science of God-Realization

The Yoga of Jesus:
Understanding the Hidden Teachings of the Gospels

In the Sanctuary of the Soul:
A Guide to Effective Prayer

Inner Peace:
How to Be Calmly Active and Actively Calm

To Be Victorious in Life

Why God Permits Evil and How to Rise Above It

Living Fearlessly:
Bringing Out Your Inner Soul Strength

How You Can Talk With God

Metaphysical Meditations
Zbiór ponad trzystu medytacji, modlitw i afirmacji.

Scientific Healing Affirmations
Paramahansa Jogananda gruntownie wyjaśnia naukę afirmacji.

Sayings of Paramahansa Jogananda
Zbiór powiedzeń i mądrych wskazówek Paramahansy Joganandy. Są to odpowiedzi, jakich szczerze i z miłością udzielił tym, którzy przyszli do niego po radę.

Songs of the Soul
Mistyczne poezje Paramahansy Joganandy.

The Law of Success
Wyjaśnia dynamiczne zasady rządzące osiąganiem celów w życiu.

Cosmic Chants
Śpiewnik zawierający słowa i nuty 60 pieśni religijnych, ze wstępem, w którym Autor wyjaśnia, jak śpiew duchowy może doprowadzić do komunii z Bogiem.

NAGRANIA AUDIO PARAMAHANSY JOGANANDY

Beholding the One in All

The Great Light of God

Songs of My Heart

To Make Heaven on Earth

Removing All Sorrow and Suffering

Follow the Path of Christ, Krishna, and the Masters

Awake in the Cosmic Dream

Be a Smile Millionaire

One Life Versus Reincarnation

In the Glory of the Spirit

Self-Realization: The Inner and the Outer Path

POZOSTAŁE PUBLIKACJE
SELF-REALIZATION FELLOWSHIP

Kompletny katalog opisujący wszystkie Self-Realization Fellowship publikacje oraz nagrania audio/video jest dostępny na żądanie.

The Holy Science
– autor Swami Śri Jukteświar

Only Love:
Living the Spiritual Life in a Changing World
– autor Śri Daja Mata

Finding the Joy Within You:
Personal Counsel for God-Centered Living
- autor Śri Daja Mata

God Alone:
The Life and Letters of a Saint
– autor Śri Gjanamata

"Mejda":
The Family and the Early Life of Paramahansa Jogananda
– autor Sananda Lal Ghosh

Self-Realization
(kwartalnik założony przez Paramahansę Joganandę w 1925 r.)

LEKCJE SELF-REALIZATION FELLOWSHIP

Naukowe techniki medytacji rozpowszechniane przez Paramahansę Joganandę, łącznie z *krija-jogą* – jak również jego przewodnik na temat wszystkich aspektów zrównoważonego życia duchowego – zawarte zostały w *Lekcjach Self-Realization Fellowship*. Więcej informacji można uzyskać pisząc z prośbą o przesłanie bezpłatnej broszury "Undreamed-of Possibilities" dostępnej w języku angielskim, hiszpańskim i niemieckim.

www.ingramcontent.com/pod-product-compliance
Lightning Source LLC
Chambersburg PA
CBHW031417040426
42444CB00005B/604